Inhalt

Prozessmanagement - Die Six Sigma Methode eignet sich ideal für Controllingthemen, die sich auf Prozessverbesserung fokussieren

Kernthesen

Beitrag

Fallbeispiele

Weiterführende Literatur

Impressum

GENIOS WirtschaftsWissen Nr. 12/2008 vom 11.12.2008

Prozessmanagement - Die Six Sigma Methode eignet sich ideal für Controllingthemen, die sich auf Prozessverbesserung fokussieren

M. Westphal

Kernthesen

- Die aktuelle Wirtschaftslage zwingt viele Unternehmen nach Optimierungspotentialen zu suchen.
- Im Fokus befinden sich hierbei häufig die

Prozesse des Unternehmens.
- Gerade bei Maßnahmen zur Prozessoptimierung bietet sich die Six Sigma Methode als Optimierungstool an.

Beitrag

Die schlechten wirtschaftlichen Prognosen für 2009 erhöhen den Druck, einen Fokus auf die Effizienzsteigerung interner Prozesse zu legen.

Den Prozessen kommt eine entscheidende Rolle zu im Rahmen von Kostenoptimierungsprojekten

Aufträge gehen nicht nur dann verloren, wenn der Angebotspreis zu hoch ist, sondern auch durch Unzufriedenheit der Kunden, die auf schlechter Performance wesentlicher Geschäftsprozesse beruht. Eine zu lang dauernde und/oder schlechte Angebotsstellung kann Kunden in die Arme der Konkurrenz treiben. Bei derartigen Prozessproblemen ist der Controller gefordert. Die Einführung von Prozessverbesserungen mittels Instrumenten wie einer Balanced Scorecard können wesentliche Erfolge ermöglichen. Geht es aber im Fokus um Verbesserungen von Prozessen, kann der Einsatz der Six Sigma Methode anderen Instrumenten überlegen sein. Diese Methode wurde 1986 von Motorola entwickelt und stellt heute für viele Unternehmen und Experten den Inbegriff von fehlerfreier Leistungserbringung dar. Six Sigma ist nicht nur eine Methode des Qualitätsmanagements, sondern zieht bei seiner Analyse auch statistische Verfahren mit ein. Dabei soll die Varianz innerhalb der Häufigkeitsverteilung auftretender Fehler möglichst gering gehalten werden.

Ziel ist es bei der Six Sigma Methode, ein Fehlerfreiheitsniveau von 99,99966 Prozent zu erreichen was bedeutet, dass je einer Million Fehlermöglichkeiten nur 3,4 Fehler auftreten und dieses Niveau entspricht Six Sigma. Werden nur 99 Prozent erreicht spricht man von 3,8 Sigma. (1)

Fehlerfreie Prozesse ermöglichen Kostensenkungen

Die Qualitätsverbesserungen verbunden mit Kostensenkungen können vor allem durch eine fehlerfreie Gestaltung der Geschäftsprozesse ermöglicht werden. Durch die Anwendung der Six Sigma Methode kann ein solches Unterfangen

sinnvoll geleitet werden.
Die Six Sigma Methode unterscheidet sich dabei gegenüber anderen Controllinginstrumenten wie auch der Balanced Scorecard vor allem durch die streng prozessorientierte Vorgehensweise. Denn Six Sigma nimmt die Geschäftsprozesse als Basis für Wertschöpfung wie auch Wertezerstörung.
Außerdem ist Six Sigma eine Methode, die nachhaltige Verbesserungen der Prozesse schafft, die auch wirklich gemessen werden können.
Six Sigma beschäftigt sich immer mit der Frage wie ein Prozess im Optimalfall aussehen soll und welche prozessbeeinflussenden Faktoren von Bedeutung sind und wie sie beherrscht werden können. Dabei folgt auf eine Produkt- und Prozessanalyse die Identifikation besonders fehleranfälliger Prozesskomponenten.
Von Bedeutung ist es, Kennzahlen zu definieren, mit denen die individuellen Geschäftsprozesse überhaupt gemessen werden können und wie man sie modellieren und damit auch verbessern kann. (1)

Ein Six Sigma Projekt ist klar strukturiert

Vorausgehend zu jedem Six Sigma Projekt ist eine Definitionsphase, in der die Projekte bestimmt werden, die für diese Methode geeignet sind, verbunden mit gleichzeitigen Vorbereitungen für die jeweilige Durchführung. Für die eigentliche Durchführung ist dann ein adäquates Projektmanagement unabdingbar, welches auch entsprechende Risiken identifiziert und bewertet, um ein Projekt unter Umständen auch abzubrechen. Dabei müssen nicht nur direkte Kosteneffekte sondern auch indirekte Effekte wie Kundenzufriedenheit berücksichtigt werden. Auch die grafische Darstellung von Geschäftsprozessen kann die Durchführung unterstützen.

Um die Prozessqualität zu untersuchen bietet es sich an, die Informationen von allen relevanten Beteiligten einzuholen. Diese können die externen Kunden sein, aber genauso Mitarbeiter des Einkaufs oder der Fertigung oder andere externe Partner wie die Bank. Als Inputgrößen fungieren Produkte oder Dienstleistungen wie auch Informationen, die in den Geschäftsprozess eingebracht werden. Outputs sind dann diejenigen Größen, die verändert werden wie Fehlerraten, Durchlaufzeiten oder Kosten wie auch konstant bleibende bereits optimierte Größen.

Aber neben der Festlegung der Messbarkeit der verschiedenen identifizierten Einflussfaktoren ist auch eine Priorisierung dieser notwendig. Außerdem muss ein Datenerhebungsplan erstellt werden, der festlegt wo welche Faktoren wie gemessen werden. Nachdem die aktuelle Prozessqualität ermittelt wurde, kann mittels Kreativitätstechniken versucht werden, mögliche Optimierungspotentiale zu generieren. Diese Ideen werden dann in Simulationsprozessen hinsichtlich ihrer Einsetzbarkeit wie auch des möglichen Erfolges betrachtet. Sind die Maßnahmen dann eingeführt ist ein kontinuierliches Monitoring der verschiedenen Faktoren und ihrer Trends notwendig. (1)

Six Sigma Projekte in Dienstleistungsunternehmen sind nicht unproblematisch

Gerade im Dienstleistungsbereich wirft eine Anwendung der Six Sigma Methode allerdings einige Probleme hinsichtlich der Ermittlung der Fehlergenauigkeit auf. So muss bestimmt werden, was denn überhaupt fehlerfrei ist und was als Fehler bezeichnet wird. Ebenso ist im Dienstleistungsbereich nicht eindeutig bestimmbar, wie Fehler denn überhaupt gemessen werden können und wie die Abweichungen statistisch erfassbar sind. (1)

Das Prozessmanagement kann

durch die Six Sigma Methode sinnvoll unterstützt werden

Jedes Unternehmen steht vor der Frage, wie sich die Komplexität und Risiken der Geschäftsprozesse effizient beherrschen lassen. Dabei muss auch der Prozess des Prozessmanagements automatisiert und optimiert werden. Die reine Einführung von Prozessmanagement-Software ohne detaillierte Prozessbeschreibungen ist nur bedingt sinnvoll. Geschäftsprozesse müssen moduliert werden, um so mittels transparenter und dokumentierter Prozessabläufe Schwachstellen ermitteln zu können. Aber auch Compliance-Vorgaben wie Sarbanes-Oxley, Basel II, Produkthaftungen oder auch Six-Sigma-Vorschriften müssen kontinuierlich überprüft werden über ein automatisiertes Kontrollsystem. (6)

Das Verschieben von IT-Investitionen kann sich kontraproduktiv auswirken

In schwierigen Zeiten werden viele Investitionen verschoben. Wesentliches Entscheidungskriterium hierbei ist die Geschwindigkeit, mit der diese Investitionen die Verbesserung der Ertragslage beeinflussen. Als erstes stehen häufig IT-Projekte auf der Streichliste. Allerdings trübt sich dieser Trend in Anbetracht der Wirtschaftskrise ein. Dabei sind IT-Investitionen, die Rationalisierung und Prozessoptimierung ermöglichen gerade in diesen Zeiten von besonderer Bedeutung. So begünstigen Investitionen in Warenwirtschafts- und Controllingsysteme die Verbesserung der Geschäftsprozesse. Auch bei der Vertikalisierung der Geschäftsprozesse ist es notwendig, die Investitionen in entsprechende IT-Unterstützung auf keine Fall zu senken. (3)

Fallbeispiele

Banken weisen im Durchschnitt ein Sigma Level von drei bis vier auf. Bei 5,7 Milliarden Inlandsüberweisungen pro Tag wären damit eine Million der Überweisungen fehlerhaft. Ein Sigma Level von sechs würde bedeuten, dass nur 53 Überweisungen täglich fehlerhaft wären, was mit einer deutlichen Reduktion der Fehlerkosten verbunden wäre. (1)
Auch Dienstleister wie Werbeagenturen sind dazu angehalten, ihre Prozesse und Strukturen zu

überdenken. Viele dieser Unternehmen sind in Bezug auf ihre Arbeitsprozesse wie auch die Nutzung verschiedener Tools nicht genügend an der Thematik Effizienz orientiert. (2)

Auch in der Chemiebranche trüben sich die wirtschaftlichen Aussichten. Deshalb sind jetzt Unternehmen im Vorteil, die ihre Kosten im Griff haben. Evonik Industries hat aus diesem Grunde ein 30-köpfiges Team gebildet, welches den Namen Operational Excellence bekommen hat. Es soll sich um die Steigerung der Produktivität kümmern und ggf. auch entsprechende Investitionen im Hinblick auf dieses Ziel analysieren. Dabei wurden bisher die größten Einsparpotentiale nicht immer an den größten oder ältesten Standorten gefunden. Die bisherigen Erfahrungen dieses Projektteams zeigen, das es notwendig ist, kontinuierlich und nachhaltig an der Produktivitätsverbesserung zu arbeiten. Das Team folgt dabei einem Drei-Phasen-Modell, bei dem in der ersten Phase der Basisoptimierung Werkzeuge zur besseren Steuerung technischer Prozesse eingeführt werden.

Die zweite Phase implementiert einen kontinuierlichen Verbesserungsprozess und passt im dritten Schritt schließlich die Arbeitsorganisation an. Dabei kommt auch der Nutzung der Six Sigma-Methode eine große Bedeutung zu, da bei deren konsequenter Einführung wesentliche Einsparungen in den Prozesskosten nachhaltig realisiert werden

können. (4)
Das Unternehmen Vitria hat eine Software-Suite auf den Markt gebracht, die unter dem Namen "M3O Operations Book" Funktionen verschiedener ERP-Komponenten zusammenfasst, um so den Nutzern in Fachabteilungen eine Vorstellung über die Qualität ihrer Geschäftsprozesse zu verschaffen. So können dann auch mittels verschiedener analytischer Funktionen im Falle von Soll-Ist-Abweichungen Maßnahmen zur Verbesserung geprüft werden. (5)

Weiterführende Literatur

(1) Prozessoptimierung mit Six Sigma wie ein Nischenanbieter die Kreativität seiner Mitarbeiter steigerte
aus Bilanzbuchhalter und Controller, Heft 10/2008, S. 270

(2) Die Uhr gibt den Takt vor
aus HORIZONT 45 vom 06.11.2008 Seite 022

(3) Die passende IT für die Zeit nach der Krise
aus TextilWirtschaft 45 vom 06.11.2008 Seite 054

(4) Produktivität zählt
aus CHEManager 21/2008

(5) Bodenständig
aus iX - Magazin für Informationstechnik, 11/2008, S.

24

(6) IDS-Scheer-Produktvorstand Jost: Workflow steuert servicebezogene Governance-Tätigkeiten „Der Prozess des Prozessmanagements muss automatisiert und optimiert werden"
aus Computer Zeitung, Heft 39, 2008

Impressum

Prozessmanagement - Die Six Sigma Methode eignet sich ideal für Controllingthemen, die sich auf Prozessverbesserung fokussieren

Bibliografische Information der deutschen Nationalbibliothek

Die Deutsche Nationalbibliothek verzeichnet diese Publikation in der deutschen Nationalbibliografie; detaillierte bibliografische Daten sind im Internet über http://dnb.d-nb.de abrufbar.

ISBN: 978-3-7379-0064-5

© 2015 GBI-Genios Deutsche Wirtschaftsdatenbank GmbH, Freischützstraße 96, 81927 München, www.genios.de

Alle Rechte vorbehalten. Dieses Werk ist einschließlich aller seiner Teile – z.B. Texte, Tabellen und Grafiken - urheberrechtlich geschützt. Jede Verwertung außerhalb der Grenzen des Urheberrechtsgesetzes bedarf der vorherigen

Zustimmung des Verlags. Dies gilt insbesondere auch für auszugsweise Nachdrucke, fotomechanische Vervielfältigungen (Fotokopie/Mikroskopie), Übersetzungen, Auswertungen durch Datenbanken oder ähnliche Einrichtungen und die Einspeicherung und Verarbeitung in elektronischen Systemen.